JN174381

沖縄

抗う高江の森

なぜ世界の宝を壊すのだ！

写真　山城 博明
解説　伊波 義安

高文研

もくじ

装丁＝商業デザインセンター・山田 由貴

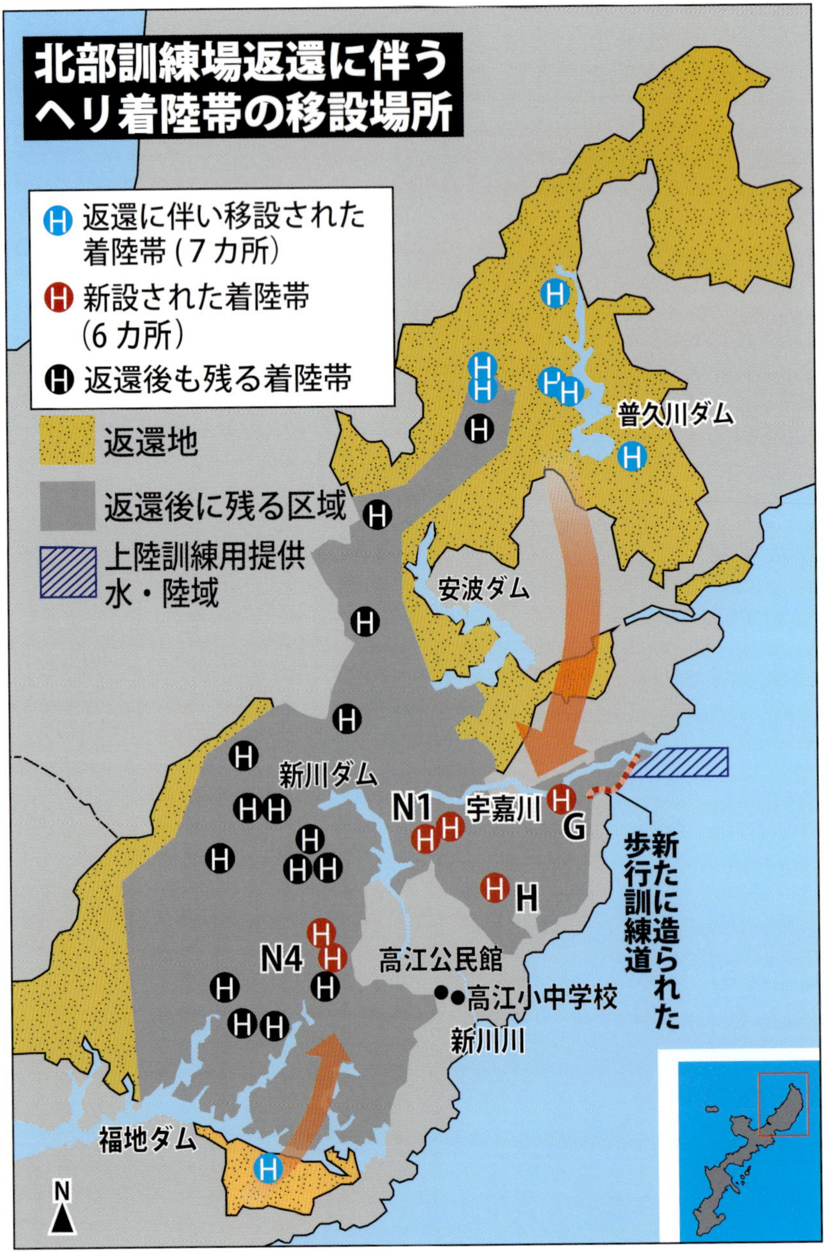
北部訓練場返還に伴う
ヘリ着陸帯の移設場所
H 返還に伴い移設された
着陸帯（7カ所）
H 新設された着陸帯
（6カ所）
H 返還後も残る着陸帯
返還地
返還後に残る区域
上陸訓練用提供
水・陸域
普久川ダム
安波ダム
新川ダム
N1
宇嘉川
G
H
新たに造られた
歩行訓練道
N4
高江公民館
高江小中学校
新川川
福地ダム
N

プロローグ

国頭村安波の森を流れる宇嘉川の下流。ヤンバルクイナやノグチゲラ、アカヒゲの声が聞こえる清流。オオウナギや数種類の魚が確認されている。岸辺には絶滅危惧種のリュウキュウツワブキが咲きだしていた（2016・10・18）。

国指定特別天然記念物ノグチゲラ。開発による生息地の破壊で減少が続き、東村で2010年にノグチゲラ保護条例が制定された。ヘリパッドG地区、H地区周辺で27カ所の営巣木が、防衛省によって確認されている。

国指定特別天然記念物ヤンバルクイナの叫び。飛べない羽を広げて叫ぶ姿は、ヘリパッド建設に抗議しているかのように見えた。

マングース捕獲の作業者、地元住民が通行していた（2016.11）。迂回して撮影を試みたが、周

宇嘉川から登った山道に張り巡らされた鉄条網。ヘリパッド工事以前は自然観察・学術調査や
囲は谷底で金網が張り巡らされ、反対側へ通り抜けることはできなかった。

建設中のヘリパッド（N１地区）上空を飛行するMV 22 オスプレイ（2016.11.2）。ヘリパッド完成後は、より一層隣接する東村、国頭村、大宜味村、名護市などの住民生活を脅かし、さらに野生動植物の生態系への悪影響は明白である。

沖縄県民の民意を無視して強行されるヘリパッド建設工事。重機の爪はかけがえのないやんばるの自然をかき回し、破壊しながら工事を進める（2016.10.12）。

破壊されたところはぽっかり穴が空き、赤土の上に砂利が敷き詰められて、ヘリパッドの様相を見せている（2016.11.2）。

やんばるの森はまっすぐ海へ落ちる。沖縄本島北部安波地区海岸へ流れる宇嘉川（中央右）。河口から上方にヘリパッドG地区があり、歩行訓練道ルートで結ばれる。一帯にはやんばるの固有種、貴重動植物が生息し、海域には生息域を北限とする国指定天然記念物ジュゴンが回遊する（2016.11.14）。

わがもの顔で飛ぶ
欠陥機オスプレイ

名護市安部〈あぶ〉の海岸に墜落、飛散した普天間基地所属のＭＶ 22 オスプレイの残骸（2016.12.14）。日本政府と米軍は住宅地から 800 メートルに墜落した事故を「不時着」と発表したが、破片は数キロに飛散し、機体は原形をとどめていなかった。

「竜」の文字は普天間基地所属のドラゴンチームのこと（2016.12.16）。日米両政府は付近住民の怒り
型輸送ヘリ墜落事故を思い出させた。安部区民は米軍の残骸撤去後もサンゴ礁を傷つける破片回収の

墜落事故で浅瀬に飛散したオスプレイ尾翼の解体作業を進める、防護服にガスマスクの米軍関係者。
の声を無視して、12 月 19 日に飛行を再開した。防護服姿は 2004 年の沖縄国際大学への米軍大
ボランティア作業を続けている。

に建設中のヘリパッドＮ１地区、下方は県道 70 号が通る（2016.11.2）。下方の森にはやんばるゲラの営巣木が広がっている。

東村高江地区、国頭村安波地区の上空を低空飛行するオスプレイ。上方に太平洋が広がり、右上
固有の貴重動植物が生息している。この風景は伊湯岳の麓から撮影しているが、周囲にはノグチ

突然、樹木の陰から姿を現し、高江の県道 70 号上空を通過するオスプレイ（2016.6.9）。

夕刻、３機同時に高江上空から北部訓練場一帯を訓練飛行するオスプレイ（2016.6.16、18:45）。この頃から午後10時以降の訓練が激化し、東村教育委員会へは「地元の小中学校では、夜間の騒音の影響で睡眠不足の児童が欠席している」との報告がされている。

北部訓練場内で騒音を轟かせて離着陸訓練を繰り返すオスプレイ（2016.7.12）。防衛省はオスプレイの騒音レベルがより高い、ホバリング時とエンジンテスト時のデータを公表していない。

オスプレイから降下訓練する米海兵隊員。この日の訓練は夕刻まで宜野座村松田地区の訓練場で行われた（2016.7.12）。

高江の民家上空を低空飛行するオスプレイ（2016.6.16、18:08)。高江地区の住民は、「自然の恵みで生きている。小鳥のさえずりや景色は米軍機でかき消される」「もう我慢ならん」と訴える。

夕刻、３機のオスプレイが伊湯岳麓から高江上空を繰り返し旋回する（2016.6.16）。沖縄防衛局はＮ４地区周辺で６月の夜間（午後７時〜翌午前７時）の騒音回数 383 回（月平均の約 24 倍）、騒音測定値 53・8 デシベル（年間平均の１・４倍）を測定していた。苦情は 60 件。

夕闇に染まる高江上空を訓練飛行するオスプレイ（2016.6.16、19:47)。11 月、高江区では米軍機が高江集落上空を飛行しないよう、存在を示す航空障害灯の運用が始まった。

強行される ヘリパッド建設

ヘリパッド（Ｎ４地区）から飛び立ち、腹をみせて旋回を繰り返すＭＶ 22 オスプレイ(2016.6.9)。配備反対の沖縄県民の願いを無視して、24 機が普天間飛行場に強行配備されている。

陸上自衛隊の大型輸送ヘリＣＨ 47 でヘリパッド建設用の大型重機を搬入（2016.9.13)。
米軍施設内の建設工事に自衛隊ヘリの出動は初めてで異例のこと。県民の強い反発を無視して工事を強行する日本政府の姿勢がまたも表面化した。

高江の県道 70 号を横切り、N１ゲート上空を通過する陸上自衛隊のＣＨ 47（2016.9.13）。沖縄県警はヘリが県道を超えるタイミングに合わせて交通を規制した。ヘリパッド建設反対の市民らは、「自衛隊機の使用をやめろ！」と怒りの声をあげた。

東村と国頭村に広がる米軍北部訓練場で、ヘリパッド建設用の資材を空輸する大型輸送ヘリCH 47（2016.9.13）。このヘリは海上自衛隊の輸送艦「おおすみ」から飛び立っていた。

森の中の山道で、ヘリパッド建設反対の市民らの立入を警戒するガードマンと沖縄防衛局職員。山道は付近の住民の生活道であり、自然散策の歩道でもある。いきなり封鎖されて「米軍提供施設内である」と告げられた。(2016.10)。

宇嘉川へ通じる歩行訓練ルート。拡張工事で伐採された樹木が、道の両脇に多数放置されていた（2016.11）。

歩行訓練ルートへ通じる道は、拡張されて砂利が敷かれ、舗装される準備が整っていた。森林を走るハイウェイを連想させた（2016.11）。

姿を見せる切り株。沖縄防衛局は伐採について「沖縄森林管理署の許可を得ており、違法性はない」
３．８ヘクタール以上の面積から２万４千本の立木が伐採された。

ヘリパッドG地区から宇嘉川河口の歩行訓練ルートへ連結する道。道の拡張工事で切られて無残な
とコメントしている（2016.10）。沖縄平和市民連絡会が情報公開請求で入手した資料によると、

撮影のために工事中のヘリパッドH地区へ近づくと、沖縄防衛局職員がフェンス越しに「提供施設なので立ち入らないように！」と、スピーカーで警告してきた（2016.10）。

ヘリパッドH地区の工事現場周囲はフェンスが張り巡らされ、重機で山肌を深く削り、排水路を深く掘って赤土の流出を防ぐ作業が行われていた。フェンスの外から撮影すると作業員と警備陣は表情が硬く、目をそらした（2016.10）。

直径 50 センチ以上の切り株が無残な姿を見せるH地区の工事現場。フェンス下方の隙間から広角レンズで撮影した（2016.10）。

Ｈ地区の現場周囲はフェンスが張り巡らされ、警備員や機動隊員が建設反対の市民、環境変化や影響を調査する市民らの立入を警戒していた（2016.10）。

業を一時中断。作業現場突入を予想しなかった沖縄防衛局職員は、機動隊に応援を要請した。

ヘリパッドN１地区の工事現場で建設中止を訴える市民（2016.11）。60 人余の抗議で重機も作

Ｎ１地区工事現場。円錐状の上部は赤土を掘り起こして、芝生を植える準備中だった。抗議の市民らは、反対側で芝生をはがして再工事をしていることを確認した（2016.11）。

中央に上方奥へ通じる道路があるＮ１地区工事現場。Ｎ１地区には２つのヘリパッドを建設する。Ｈ地区の建設現場よりも広々とした空間が広がる。

森にこだまする抗議の声

米軍北部訓練場メインゲート前で、砂利運搬のトラックを阻止する市民らと警備に当たる機動隊との混乱（2016.11.3）。砂利運搬トラックはこの日で２千台を超えた。

ヘリパッド工事車輌の前で「工事を中止せよ！」のプラカードを掲げ、怒りの声を繰り返す市民。工事車輌の雇用員は毎日、ヘリパッド工事受け入れと反対の間で葛藤する（2016.11）。

N１ゲート前で機動隊と対峙する抗議市民。「自然を壊すな、機動隊帰れ」と抗議市民は怒りの声を上げるが、機動隊員は無表情だった（2016.11.3）。

島袋文子さん（87歳）。沖縄戦で火炎放射を浴びた悲惨な体験もあり、ヘリパッド建設反対闘争に連日参加する。Ｎ１ゲート前の抗議行動中、機動隊の警告のスピーカー騒音に耳をふさぐ。騒音は空襲警報のサイレンを思い出す、と島袋さんは話す（2016.11.3）。

「ヘリパッド建設反対、団結ガンバロー」。怒りの声高らかに拳を上げる山城博治沖縄平和運動センター議長。10月17日、抗議活動中に有刺鉄線を切断したとして器物損壊の容疑で逮捕。11月29日、威力業務妨害容疑で再逮捕され、不当な長期の勾留が続く。

N１ゲート前で座り込む抗議市民らを排除する機動隊員（2016.11.3）

Ｎ１地区の工事現場で抗議する市民を取り囲む機動隊員。抗議活動を終えた市民らは機動隊の指示に従い、その場で昼食を済ませて退去した（2016.11）。

を送り込み、沖縄県警は機動隊員ら約300人を派遣、計約800人の警備態勢を敷いた。その中
言の機動隊員2人を戒告の懲戒処分としたが、松井一郎大阪府知事はツイッターで、「出張ご苦労

メインゲート前の機動隊員（2016.11.2)。政府は工事再開に伴い、本土から 500 人の機動隊員
で大阪府警の機動隊員が、抗議市民に対し「土人」と差別発言を投げつけた。大阪府警は差別発
様」などと投稿し、批判を浴びた。

新基地建設反対闘争の主戦場となっている。連日、地元住民をはじめ、県内、県外各地からの支闘うとの決意を述べ、ゲート内へ砂利を運ぶ工事車輌を止めていた。

Ｎ４ヘリパッド、メインゲート前での早朝抗議集会（2016.11.3）。現在Ｎ１ゲート前と合わせて
援参加者でいっぱいだ。この日は奈良平和フォーラムからの大勢の参加もあり、沖縄と連帯して

メインゲート前で工事車輌を止める抗議の市民を阻止する機動隊員（2016.11.2）。

メインゲート前の抗議集会で英語のプラカードを掲げて訴える、うるま市から参加の市民。
毎週、休日を利用して子どもたちも一緒に参加していると話した（2016.11.2）。

N１ゲート前で、抗議の市民集会を撮影する警察官 (2016.11.3)。

N１ゲート前で抗議の市民に退去を警告する機動隊員。その後、抗議する市民らは、強引に引きずり出され退去させられた（2016.11.3）。

座り込んで抗議していたひとりの市民を、数人の機動隊員が引きずり出して退去させた（2013.11.3）。

米軍北部訓練場の生き物たち

宇嘉川上流（2016.12.8）。琉球列島動植物分布調査チームは、1999 年にヘリパッド建設予定地一帯から、世界でやんばるにしか生息しない 22 種の固有種と 126 種の絶滅危惧種および貴重種を含む 1313 種を確認している。

空輸した建設資材を下ろす作業場があり、上流にはヘリパッドG、H地区の建設現場があるた。海側から上陸した米兵は写真中央の河口を渡り、ヘリパッド地区を往復することは明らかだ。

宇嘉川の河口から延びる歩行訓練道建設に抗議行動をする市民を阻止する警備陣。民間ヘリが
(2016.11.14)。この日、再び民間ヘリによる資材搬入が強行され、歩行訓練道の整備拡張に入っ

ヤンバルクイナ（絶滅危惧ＩＡ類　国指定天然記念物　沖縄島の固有種）。沖縄本島北部の山中にのみ生息する。米軍北部訓練場内に多く生息し、Ｎ４ゲート前やＮ１裏のテント前を横断する姿をよく見かける。

ノグチゲラ（絶滅危惧ＩＡ類　国指定特別天然記念物　沖縄島の固有種　沖縄県の県鳥)。
世界に誇る貴重種で、沖縄本島北部の森林に生息する。

ホントウアカヒゲ（絶滅危惧ＩＢ類　国指定天然記念物）。米軍北部訓練場内の常緑広葉樹林内に生息する。美声の持ち主。

リュウキュウアカショウビン（準絶滅危惧種）。沖縄県内に夏鳥として渡来する。アカショウビンとの区別は困難である。

ヤンバルテナガコガネ（絶滅危惧ＩＢ類　国指定天然記念物　国際自然保護連合レッドリスト絶滅危惧種）。1983年にやんばるで発見された日本最大の甲虫。巨木の樹洞に生息するが、森林開発などで生息環境を狭められている。

ケナガネズミ（絶滅危惧ＩＡ類　国指定天然記念物）。地球上でやんばると奄美大島と徳之島だけに分布する固有種。樹上で活動し木の実や昆虫を食べる夜行性。日本国内ではあまり例のない「一族一種」の貴重種。

リュウキュウヤマガメ（絶滅危惧Ⅰ類　国指定天然記念物）。米軍北部訓練場内の高い山地の森林域で、渓流の中や周辺に生息する。

オキナワイシカワガエル（絶滅危惧ⅠB類　沖縄県指定天然記念物）。

イボイモリ（絶滅危惧Ⅱ類　沖縄県指定天然記念物）。

オキナワヒラタクワガタ（沖縄諸島固有亜種）。

交尾するヤンバルトゲオトンボ。

リュウキュウハグロトンボ。

リュウキュウルリモントンボ。

オオゴマダラ。日本最大のチョウ。海岸でシマアザミにとまるのを見かける。沖縄本島北部では、ヤンバルクイナの生息地でも見られる。

フタオチョウ(準絶滅危惧種　沖縄県指定天然記念物)。

コノハチョウ(準絶滅危惧種　沖縄県指定天然記念

リュウキュウウラナミジャノメ
(準絶滅危惧種　沖縄県固有種)。

リュウキュウウラボシシジミ
(準絶滅危惧種　沖縄県固有亜種)。

ツマベニチョウ。「幸せを呼ぶ蝶」ともいわれる。アカバナー（ハイビスカス）によくとまる。
宇嘉川へ下る途中で見つけた。

オキナワギク（絶滅危惧Ⅱ類　琉球列島の固有種）。

クニガミトンボソウ（絶滅危惧ⅠA類　沖縄島の固有

リュウキュウサギソウ（絶滅危惧Ⅱ類）。

カクチョウラン（絶滅危惧ⅠB類）。

ヒメトケンラン（絶滅危惧ⅠB類）。

シマイワカガミ（絶滅危惧ⅠB類）。

オオシロショウジョウバカマ
（絶滅危惧Ⅱ類　琉球列島の固有種）。

レンギョウエビネ（絶滅危惧Ⅱ類）。

ユウズルエビネ(絶滅危惧Ⅱ類)。

ツルラン(絶滅危惧Ⅱ類)。

ヤクシマスミレ(絶滅危惧Ⅱ類)。

オキナワセッコク(絶滅危惧ⅠA類)。

シロシャクジョウ（絶滅危惧ⅠB類）。

コクラン（絶滅危惧ⅠB類）

シコウラン（絶滅危惧ⅠB類）。

ウエマツソウ（絶滅危惧ⅠB類）。

リュウキュウイノシシ(奄美大島、沖縄の固有種)。森林や草原で生活している。

ジュゴン（絶滅危惧ＩＡ類　国指定天然記念物）。ジュゴンは音に敏感である。沖縄防衛局が名護市辺野古沿岸海域に大型コンクリートブロックを投下した2015年1月以降、ジュゴンの姿が見えなくなった。自然保護団体は「新基地建設に伴う作業の影響で近寄れなくなったのでは……」と指摘している。ヘリコプターから名護市辺野古沖で撮影。

海兵隊の対ゲリラ訓練
―米軍北部訓練場1973年

米軍北部訓練場。
沖縄県国頭郡の国頭村と東村にまたがるアメリカ海兵隊の基地で、1957年10月25日に米軍が北部海兵隊訓練場として運用を開始し、以後対ゲリラ訓練基地として活用されている。正式には「ジャングル戦闘訓練センター」(1998年に改称)。区域内および周辺は森林地帯で、天然記念物に指定されているノグチゲラや、ヤンバルクイナなどの貴重種が生息している。

パットへの歩行訓練ルートが建設中で、海兵隊による同様な訓練、上陸演習が懸念される。1969
トナム村」が目撃された。

米軍北部訓練場で対ゲリラ戦闘訓練する海兵隊員（1973.4.2）。東村宇嘉川河口からG地区へリ
年ごろ、東村高江の県道70号にかかる高江橋付近から、このような演習とベトナムに模した「ベ

米軍北部訓練場に設置した対ゲリラ戦闘訓練学校。看板には「COUNTER GUERRILLA WARFARE SCHOOL」「AMPHIBIOUS RAID SCHOOL」と書いてある（1973.4.2）。

ヘリコプターから降下して攻撃訓練する海兵隊員（1973.4.2)。現在、ＣＨ 53 大型輸送ヘリやＭＶ 22 オスプレイから降下した兵士が、同様の訓練を実施している。

対ゲリラ戦闘訓練に備えてカムフラージュ化粧する海兵隊員（1973.4.2)。当時訓練に参加した退役軍人が、「1960 年代には訓練場で枯れ葉剤が散布されていた」と証言している。

ベトナムなど東南アジアの密林を想定して、谷間を綱渡り訓練する海兵隊員（1973.4.2）。ベトナム戦争当時、高江住民が駆り出されて「南ベトナム解放民族戦線」の役を演じさせられた。

2016年12月13日に、名護市安部地区海岸に墜落した国内初のオスプレイ墜落事故を受け、12月22日「欠陥機オスプレイ撤去を求める緊急抗議集会」が、名護市21世紀の森屋内運動場で開催された。この日は政府主催の米軍北部訓練場の部分返還式が行われ、参加をボイコットして抗議集会に参加した翁長雄志沖縄県知事〈右〉と稲嶺進名護市長は、手を取り合って参加者4200人と「ガンバロー」を三唱した（2016.12.22）。
翁長知事は「式典を強行した政府の姿勢は、沖縄県民を日本国民と見ていないとしか受け取れない。信頼関係を大きく損ねるもので、県民に寄り添う姿勢がまったく見えない」と強い憤りを示した。さらに稲嶺市長は「政府は基地負担の軽減をアピールしたが、県民はだまされない」と発言した。

解説

やんばるの森と高江ヘリパッド建設

奥間川流域保護基金代表　伊波義安

1．米軍北部訓練場で起きていること

2007年7月8日、東村高江の米軍北部訓練場でのヘリパッド建設工事に抗議するために、私は仲間5人と新川ダムでテントを張り泊まった。真っ暗な森からはリュウキュウコノハズクのものさびしい鳴き声が聞こえ、手を伸ばせば届きそうな満天の星のきらめきと蛍の光の点滅が一緒になって、実に幻想的だった。

翌朝6時、ヘリパッド工事車輌がメインゲートから入ろうとしているとの連絡で、現場へ急いだ。先に来ていた4、5人と一緒に、工事をしないよう説得して車輌を帰らせた。9時頃、付近の森からホントウアカヒゲやヤンバルクイナの鳴き声、ノグチゲラのドラミングが聞こえた。ここは世界自然遺産候補地の中核だけあって、まだ豊かな自然が残っていると実感した。

しばらくして、東京新聞の「米軍北部訓練場で枯れ葉剤散布」の記事が配られた。それには米軍がベトナム戦争で使用した猛毒のダイオキシンを含む枯れ葉剤を、1961年、62年に北部訓練場などで散布したこと。また作業に携わった元米兵が、前立腺がんの後遺症と枯れ葉剤の関係が認定されていたとの米退役軍人省の公文書を、グアムの議員が入手したとなっていた。

それに関して、枯れ葉剤散布作戦の立案に関わった元米陸軍の高官が、マスコミの取材に応じた。

「米軍はベトナム戦争での実践を前提に1960年から約2年間、北部訓練場と周辺一帯でダイオキシンを含む枯れ葉剤『オレンジ剤』の試験散布を実施した。初期段階の散布には、米陸軍化学兵器部隊が立ち会い、データの収集を行った」

「散布から24時間以内に葉が茶色く枯れ、4週間目にはすべて落葉した。週に一度の散布で新芽が出ないなどの効果が確認された。具体的な散布面積は覚えていない」

収集したデータは、ベトナムでの作戦に反映されたという。また枯れ葉剤散布作戦に北部訓練場を選んだ理由は、「何の制約もなく、気候や立地状況などがベトナムのジャングルに似ていることから、実戦を想定したものだった」と語っている。

こともあろうに「県民の水がめ」であり、生物の宝庫で世界自然遺産候補地の北部訓練場内での枯れ葉剤の使用が、公式文書で明らかになった。米軍基地内で何が行われているのか、私たち県民に全く知らされないことに強い不安と恐怖、憤りを覚えた。

高江のヘリパッド建設地は米軍北部訓練場の南東部にある（2ページ参照）。1957年に本土に駐留していた海兵隊が沖縄に移転して使用されるようになった。起伏の激しい森林地帯で、海兵隊の管理下にあり、沖縄最大の米軍基地で、国頭村と東村にまたがる沖縄に駐留するすべての米軍が対ゲリラ訓練、歩兵演習、ヘリコプター降下訓練、食料なしのサバイバル訓練などを行う。ジャングルでの対ゲリラ訓練基地として、米軍が海外に有する唯一の訓練場である。

沖縄人民党の機関紙「人民」（1964年9月9日号）によると、1964年8月26日、米第3海兵師団は東村高江─新川の対ゲリラ戦訓練場で、沖縄統治の最高責任者・ワトソン高等弁務官らの観戦のもと「模擬ゲリラ戦」を展開した。この訓練には乳児や5、6歳の幼児を連れた婦人を含む20人ほどの高江区民が徴用され、南ベトナム現地民の役目を演じさせられた。

その日、米軍は連れてきた高江区民をベトナム人に変装させ、南ベトナム現地民の住む家として作った茅葺き小屋に押し込め、中に仮想「南ベトナム解放民族戦線」2人を潜伏させた。作戦は米海兵隊1個中隊が、森林や草むらに仕掛けられた針や釘のワナ、落とし穴をぬって、南ベトナム解放民族戦線の潜む部落に攻め入り、掃討するという想定で行われた。沖縄はまさに米国の侵略戦争の訓練場で、沖縄県民を「戦争協力者」に仕立てるものだった。

2. 世界自然遺産候補地・やんばる

沖縄島の北部（国頭村、東村、大宜味村）をやんばる（山原）と呼ぶ。やんばるは国土面積の約0・1％、亜熱帯照葉樹林が大部分の低山地帯（森林率80％）で、温暖（年平均気温22・5度）、霜も降りず、雪も降らず、雨が多く（年平均降水量３千ミリ）、生物には天国だ。10平方キロ当たりで生息する生物の種類は、植物は全国の45倍以上、動物は約51倍といわれている。やんばるの森の生物は多様性に富み、固有種が多い。

環境省や沖縄県のレッドデータブック（ＲＤＢ）では、やんばるの森で確認されている植物の主な貴重種１１１種のうち絶滅の怖れがあるのが51種（約46％）、動物の貴重種66種中18種（約27％）が絶滅の怖れがあると指摘している。

２００３年、国は琉球諸島を知床《しれとこ》や小笠原諸島とともに世界自然遺産の国内候補地に選定した。環境省の担当者は「琉球諸島は自然度が高く、学術的な価値は一番だが、保護担保措置が最も遅れている」と指摘している。知床は、05年、小笠原諸島は11年に世界自然遺産に登録された。琉球諸島は対象地域を「やんばる、西表島、奄美大島、徳之島」の４島に絞ってやっと13年に暫定リストに掲載され、18年の登録をめざすことになった。やんばるの森が世界自然遺産に未だに登録されない最大の要因は、やんばるの森の面積の約30％を占める米軍北部訓練場の存在だろう。

ヘリパッド建設中の高江周辺の森は、やんばるの森でもとりわけ自然が豊かで、学術的価値が高く人類の宝である。

１９９９年６月、琉球大学、広島大学の専門家の「琉球列島動植物分布調査チーム」が、ヘリパッド建設予定地の見直しに関する要望書を国と沖縄県に提出した。

《ヘリパッド建設予定地一帯は自然度が高い生態系がヤンバルで唯一海岸から脊梁《せきりょう》山地まで連続している。多数の貴重な生物が豊富に生育していることから生物学的に非常に貴重な地域であり、たんに国内で貴重であるばかりでなく、人類の守るべき世界的な財産であると考えられます。われわれはこれまでの調査で、ヘリパッド移設予定地一帯から世界でヤンバルにしか生息しない22種の固有種と１２６種の絶滅危惧種および貴重種を含む１３１３種を確認しています。このように狭い地域にこれほど多くの貴重種が集中しているところは、わが国ではここだけといわれています。したがってこの地域は、残り少なくなったヤンバルの亜熱帯降雨林の中でもとくに貴重な場所であると言えます。多くの巨木を含むこの地域の自然林を伐採して、野球場（直径75メートル）ほどの平地を7カ所造り、騒音を発するヘリコプターが離着陸すれば、ヤンバルホオヒゲコウモリ（１９９８年新種と発表された）やノグチゲラなど、音や鳴き声で交信する動物は、生息や繁殖が妨げられ、消滅するでしょう。（中略）自然林を分断する道に沿ってマングースや野犬、野ネコが侵入し、ヤンバルクイナやトゲネズミなど、地上で活動する多くの動物が補食の危険にさらされます。台風時には塩水を含んだ強風が道路から林内に吹き込み、自然林は林縁から枯れて乾燥し、空中湿度の高い環境を必要とする多数の希少動物が消失するのは明らかです。（中略）

ヤンバルの貴重な生物相と生態系を保全するためには、移設計画の縮小や、影響の最も少ない場所の選択などが必要です。本計画の見直しを要請いたします。》

２０１０年10月に名古屋市で開催されたＣＯＰ10（生物多様性条約第10回締約国会議）の場で、ＡＺＥ（ゼロ絶滅連盟：世界20カ国、68の研究機関や環境保護団体でつくる組織）が生物絶滅防止のための戦略を発表した。生物種の絶滅を食い止めるために、緊急に保護が必要な最優先地域が、沖縄のやんばる地域を含む世界に５８７カ所存在すると指摘した。

やんばるには、ノグチゲラやヤンバルクイナ、ハナサキガエル、ヤンバルテナガコガネ、オキナワトゲネズミなど5種の固有の絶滅危惧種が生息する重要な場所にもかかわらず、保護対策が及んでいない。やんばる地域で絶滅したら、前記の5種の絶滅危惧種は永久に地上から消えてしまう。急速に進む種の絶滅に歯止めをかけるためには、何としてもやんばるを守らなければならない。高江周辺の森にヘリパッドを移設（新設）することは、ＡＺＥの生物種の絶滅防止のための戦略に逆行するもので、到底許されるものではない。

3．高江のヘリパッド建設反対運動

２０１６年8月22日、私は高江のヘリパッド建設反対運動に参加するため、友人と朝4時にうるま市を出発し、6時前に高江に着いた。高江橋のたもとにはすでに約20人の仲間と10台の車が来ていた。早朝の高江の空気は清々しく、心が洗われるようだ。高江橋の西側のイタジイの森からはノグチゲラの鳴き声やドラミング、ホントウアカヒゲやウグイスのさえずりが聞こえ、心が癒やされた。

8時50分頃、抗議行動の人たちが高江橋に約30台の車を、2、3台ずつ並べて列を作り、橋を完全に封鎖し、約50人がその車間に座り込んだり、寝転がったりした。9時半頃、高江橋の南側に機動隊車輌（装甲車）が約10台、機動隊150人以上が待機した。

私は車椅子に乗った島袋文子さん（87歳）と一緒に抗議行動の先頭にいた。機動隊が文子さんが乗った車椅子を乱暴に排除しようとしたので、私は「この人は体が不自由で年寄りだから、手荒なことはするな」と大声で怒鳴った。しかし、県外から来た機動隊員は私の声に全く耳を貸さず、島袋さんを車椅子のまま排除した。島袋さんはその時、右手の小指をけがして血が流れた。傷はかなり深かったので、機動隊に「救急車を呼んでくれ」と何度も頼んだが、無視されたので自分たちで救急車を呼んだ。島袋さんは5針縫うけがだった。このとき男性1人も機動隊員に膝で胸を圧迫されて打撲を負い、救急搬送された。

私は真っ先に機動隊に両腕や足を押さえられ、体を抱えられて強引に運ばれ、高江橋の南側に2台の装甲車と機動隊員によって作られた囲いの中に入れられた。他の約50名も次々と囲いの中に入れられ、約2時間閉じこめられた。日差しの強い炎天下、飲み物もなく、トイレに行けない状況に体調不良を訴える人もいた。

11時半頃、砂利を積んだダンプ約10台を含む工事関係車輌約20台が、警察車輌に警護されながらN1地区ゲートに入った。

連日、十数台の装甲車と数百人の機動隊員は、N1地区ゲート前に座り込んで抗議している市民を暴力的に排除し、砂利を積載したダンプを、多いときには1日に100台以上をN1地区ゲートから入れた。12月15日までにダンプ3630台分の砂利が搬入された。数万年かかって作られた国頭マージ（赤土、酸性）の多様性に富む高江周辺のやんばるの森の生物と生態系は、ダンプ3630台分の琉球石灰岩（アルカリ性）の砂利が搬入され、3万本余の亜熱帯照葉樹林が伐採され、壊滅的打撃を受けたことは必定だ。

4. 建設工事が強行されている森の中で

10月末、仲間十数名でH地区に入った。工事がずさんで、さまざまな違法工事をチェックし、進捗《しんちょく》情況などを調べるためである。H地区の周囲は高さ約3メートルの金網で囲まれ、中には入れないようになっていた。内側の亜熱帯照葉樹林は皆伐《かいばつ》されて見る影もなかった。赤土がむき出しの裸地に変貌し、無惨で痛々しく、悔しさと怒りとやりきれなさが込み上げてきた。

私はとうとう我慢できず金網を留めてある鉄パイプに上って、金網の中にいる作業員、沖縄防衛局職員、警備員、機動隊員に20分ほど大声で呼びかけた。

「沖縄は去る大戦で多くの人命を失い、中南部の貴重な自然や文化財を焼失した。敗戦後は人質として米軍の占領下におかれ、日本復帰後も国土面積の0・6%しかない沖縄に米軍専用施設の74%を押しつけ、沖縄の人の生命は奪われ、脅かされ、人権は蹂躙《じゅうりん》されている。悲惨な沖縄の歴史を皆さんは知っているか。敗戦後71年間、ヤマトの皆さんは沖縄を踏み台にして経済発展をし、平和だと言って平和を貪ってきたかも知れないが、沖縄は一度も平和になったことはない。沖縄を再び戦場にするのか――。

やんばるの森は沖縄の宝であるばかりでなく人類の宝だ。この森の中でこのような無惨な工事が進められると、亜熱帯の生物の宝庫が地球上から確実に失われる。皆さんはこういうことも認識してヘリパッド工事を進めているのか。ここは提供施設だから出て行けと言うが、いつ、誰が、誰に提供したんですか。ここは私たちウチナーンチュ（沖縄人）の森だ。

この森は多くの生物の生命を育み、酸素を作り、水を蓄え、雨も作っているんだ。人間は自分だけでは、酸素も水も食物も何も作れない。人間は自然からこれらの恵みをもらって、自然によって生かされているのだ。この森を壊すことは、人間が自分の手で自分の首を絞めるようなものだ。生命や生物の営みを考えたらやんばるの森を壊すことはできないはずだ……」

はじめの5分ほどは沖縄防衛局職員がハンドマイクで邪魔をしたが、後は皆、静かに聴いてくれた。

5. 我慢の限界

安倍首相は２０１６年9月26日の所信表明演説で、北部訓練場の過半の返還計画について「沖縄県内の米軍基地の約2割、本土復帰後最大の返還である。６つのヘリパッドを既存の訓練場内に移設することで4千ヘクタールの返還の実現が可能となる」と、沖縄の基地負担軽減に尽くす考えを示した。北部訓練場の過半の返還が安倍首相が強調しているように、本当に沖縄の基地負担の軽減になるのだろうか。

米海兵隊が２０１３年にまとめた「戦略展望２０２５」には、北部訓練場に関して「約51%（約4千ヘクタール）の使用不可能な訓練場を日本政府に返還し、限られた土地を最大限に活用する訓練場を新たに開発する」と記されている。

新たに開発する訓練場として6つのヘリパッドを移設させ、米軍の上陸訓練のため宇嘉川につながる陸域と海域を新基地として提供させた。北部訓練場の過半の返還は沖縄の基地負担軽減には決してならず、米軍基地の機能強化と固定化、運用を優先するもので、基地負担軽減というのは沖縄県民をまやかすものだ。

6つのヘリパッドが完成し、オスプレイの訓練が始まると、米軍と自衛隊の共同訓練が激化し、２００度以上の高温、高圧の排ガスや騒音、低周波音などでやんばるの森の生物は絶滅の危機に瀕し、人類が守るべき世界的な財産・やんばるの森は壊滅的な打撃を受け、世界自然遺産には到底登録されないだろう。

高江の住民は常に欠陥機オスプレイの墜落の恐怖にさらされ、騒音や低周波音などで静穏な生活環境は破壊され、県民の水がめである新川ダムや福地ダムの汚染や水源涵養林の破壊が懸念される。

沖縄県民は71年間、米国の行う侵略戦争の前進基地、補給基地として、常に戦場（米軍基地）と隣り合わせの生活を強いられてきた。沖縄はいつになったら、基地のない平和で自然の豊かな島になるのだろう。

これ以上の基地の建設は許さず、全基地撤去に向け立ち上がろう。ウチナーンチュはもう我慢の限界だ！

【筆者：いは・よしやす】
1941年生まれ。高校で化学を教えながら「金武湾を守る会」などに参加。1992年からやんばるの森の保護に取り組み、現在は辺野古新基地建設、高江ヘリパッド建設、嘉手納基地撤去運動など、多方面で活動している。

【資料】米軍北部訓練場とヘリパッド建設関連＝略年表

✤1957年

10月25日　北部海兵隊訓練場として使用開始。

✤1960年代〜

ベトナム戦争に利用するため枯れ葉剤を試験散布。またジャングル戦を想定して、「ベトナム村」が作られる。

✤1970年

12月22日　「伊部岳闘争」米軍が北部訓練場の伊部岳で強行しようとした実弾射撃訓練を安波、安田、楚洲3区の住民600人が阻止。

✤1972年

5月15日　沖縄の復帰に伴い北部訓練場として施設・区域が提供される。

✤1996年

12月2日　SACO（沖縄に関する特別行動委員会）最終報告で2002年を目途に過半（4千ヘクタール）の返還とヘリパッドの移設合意。

オスプレイ配備は日本側の要求で削除。

✤1997年

1月25日　高江区民総会でヘリパッド建設反対決議。

✤1998年

3月　ジャングル戦闘訓練センターに改称。

11月19日　日米合同委員会で安波訓練場の返還条件として、上陸訓練用に宇嘉川につながる陸域38ヘクタール、海域121ヘクタールの提供を合意。

✤1999年

4月27日　7カ所のヘリパッド移設の後、過半を返還することで日米合同委員会合意。

✤2002年

6月21日　那覇防衛施設局はヘリパッド建設の環境影響評価の手続きを開始。

✤2006年

2月23日　高江区民総会、2回目のヘリパッド建設反対決議。

✤2007年

3月31日　過半の返還条件の6カ所中3カ所のヘリパッド建設が日米合同委員会で合意。

7月3日　3カ所の工事開始。地元住民を含む人たちの座り込み抗議行動始まる。

✤2008年

1月9日　残り3カ所の建設を日米合同委員会で合意。

11月末　沖縄防衛局はヘリパッド建設に反対する住民を相手に、通行妨害禁止と工作物撤去の仮処分を裁判所に申し立て。8歳の少女も含まれていた。

✤2012年

6月　日本政府は「沖縄へのオスプレイ配備」を初めて明らかに。

10月1日　オスプレイ沖縄に配備される。

✤2014年

3月　集落から最も近いN4地区のヘリパッド完成。

✤2015年

2月17日　N4地区ヘリパッド2カ所の先行提供を閣議決定。

2月25日　提供されたヘリパッドでのオスプレイの訓練、確認される。

✤2016年

7月11日　参院選沖縄選挙区で「ヘリパッド建設反対、辺野古新基地建設反対」を掲げた伊波洋一氏が圧勝。その翌早朝、沖縄防衛局は抗議する市民を強制排除し、メインゲートから資機材を搬入。

7月22日　国がヘリパッド工事再開強行。県外機動隊500人、県警300人でN1地区入り口に座り込む200人余の市民を強制排除。車をレッカーで移動し、テントも撤去。N1地区出入り口付近一帯の県道70号を県警が約11時間封鎖状態に。

9月13日　自衛隊のヘリがヘリパッド建設の工事車輌を空輸。

9月26日　安倍首相が所信表明演説で、工事を年内に完了させると表明。

12月13日　名護市安部海岸に普天間基地所属のMV22オスプレイ墜落。配備撤回要求強まる。

12月22日　6つのヘリパッドの「完成」と北部訓練場の過半返還の政府主催の返還式。翁長知事は出席せず、オスプレイ撤去を求める抗議集会に参加。

【撮影後記】

やんばるの森を追い続けて

思い返してみると、私が初めて米軍北部訓練場内のゲリラ戦闘訓練を撮影したのは、駆け出しの報道カメラマンだった1973年4月のことだ。在沖米海兵隊司令部がゲリラ戦闘訓練場を公開するという、報道取材だった。

米軍パイロットが操縦する兵員輸送ヘリからやんばるのヘリポートに降りると、突如ファインダーに現れたのはM16自動小銃を手に、全身が迷彩色に包まれた米兵だった。ジャングルの谷間をロープで渡り、断崖を猛スピードで駆け下り、草陰から銃口を構え照準を合わす米兵の瞳が、恐ろしく印象的だったことをはっきり覚えている。

その直後、米軍演習の撮影とは対照的なやんばるの自然撮影に取り組んだ。特に当時「幻の鳥」と呼ばれたノグチゲラの撮影に挑戦した。沖縄生物学会の創立者のひとり池原貞雄琉球大学名誉教授ら4人と伊湯岳、与那覇岳でキャンプをした（73年4月24～27日）。キャンプ4日目の早朝、カッツカタカターと樹を叩く音を頼りに亜熱帯広葉樹林の下をくぐると、「あれがノグチゲラだ」と指さすイタジイの樹に、子育てをする姿を見つけた。

初めて見る美しい被写体に、震える指先でシャッターを切った充実した瞬間が、今も脳裏に浮かんでくる。以後、ライフワークで世界に誇る沖縄の自然、固有の動植物撮影を志すことになる。

やんばる国立公園が2016年9月15日に誕生した。この9月15日は、やんばる固有種・絶滅危惧種ヤンバルテナガコガネが発見された日だ。環境省は2018年夏の世界自然遺産登録をめざし、自然保護強化策などの国内法が適用されない米軍基地内（N1、H、Gヘリパッド3地域を含む）を除く国頭、大宜味、東の3村にまたがる陸域と、海域約1万7300ヘクタールを国立公園に指定した。

1999年6月23日に提出された琉球列島動植物分布調査チーム（岩橋統代表）の要望書（解説85～86ペー

ジに詳細）によって、国立公園に指定されていないヘリパット3地域を含む米軍提供施設内に、１３１３種のやんばるを代表する固有種、絶滅危惧種や新種などが確認されている。

今のN1ゲートが設置されてない２０１６年5月1日、自由に入山できた同ゲートの山道を、本書の解説執筆者の伊波義安さんら「ヤマアッチャー（山を歩く人）」仲間5人に同行して、貴重植物の撮影をした（本書72ページ掲載のコクランなど）。また宇嘉川河口から延びる歩行訓練道ルートが建設される以前に、伊波さんの案内で宇嘉川河口の動植物の観察会も実施した（本書69ページ掲載のオキナワギクなどを確認）。

琉球列島動植物分布調査チームの調査結果数とは比較にならないほど少ないが、本書掲載の動植物をカメラに収めることができた。同時に世界自然遺産登録に向けて国立公園に指定されて当然の地域だが、米軍基地であるが故にユネスコ（国際連合教育科学文化機関）の審査にパスすることが無理、困難であることもわかった。

沖縄県民の願いを無視して強行されるヘリパッド建設。政府の沖縄県内への新基地建設の一環であることは容易に解る。

ヘリパッドが完成してオスプレイが夜間も飛行訓練を行い、米軍が宇嘉川河口から上陸演習や歩行訓練道を行軍すれば、国指定特別天然記念物のノグチゲラや飛べない鳥・ヤンバルクイナなどの生態系に悪影響を及ぼすことは必至だ。

絶滅危惧種ジュゴンへの悪影響も懸念されていた12月13日、数頭のジュゴンが確認されている沖縄本島北部の安部《あぶ》地区海岸に、とうとう欠陥機オスプレイが墜落した。米軍北部訓練場が全面返還され、沖縄・やんばるの森が本来の姿を映し出す日まで、私のカメラは追い続ける。

最後に、お忙しい日々の中、解説を執筆いただいた伊波義安さん、発行に尽力くださった高文研の山本邦彦さんに、心よりお礼を申し上げます。

２０１６年12月25日

山城　博明

山城 博明（やましろ・ひろあき）

1949年沖縄県宮古島に生まれ、育つ。沖縄大学在学中より沖縄復帰闘争、全軍労闘争、全島のゼネスト、コザ反米騒動などを撮影。1975年読売新聞西部本社に入社、85年琉球新報社に移る。この間報道写真のほか、琉球列島の自然、とくに野鳥や動植物を数多く撮影してきた。2015年に琉球新報社を退社して、現在はフリーの報道カメラマン。
写真展は1995年以降「琉球の野鳥」を那覇、東京、札幌などで、99年中国漢中市での世界朱鷺保護会議で「中国野生の朱鷺」、2013年日本新聞博物館で「報道カメラマンが見たＯＫＩＮＡＷＡ 42年」、2015年沖縄県立博物館・美術館で「二人が撮らえた沖縄・終わらない戦後」を開催。
1991、92年度九州写真記者協会賞、2015年度「沖縄タイムス芸術選賞」写真部門・大賞受賞。
著書:『野生の鼓動を聴く』（高文研）『抗う島のシュプレヒコール』（岩波書店）『沖縄戦「集団自決」消せない傷痕』（高文研）『報道カメラマンが見た復帰25年　沖縄』（琉球新報社）『琉球の記憶・針ハジチ突』（新星出版）など。

沖縄《おきなわ》　抗《あらが》う高江《たかえ》の森《もり》

●二〇一七年一月二五日――第一刷発行
●二〇一七年二月二五日――第二刷発行

著　者／山城　博明

発行所／株式会社　高文研
東京都千代田区猿楽町二―一―八
三恵ビル（〒一〇一＝〇〇六四）
電話　03＝3295＝3415
振替　00160＝6＝18956
http://www.koubunken.co.jp

印刷・製本／モリモト印刷株式会社

★万一、乱丁・落丁があったときは、送料当方負担でお取り替えいたします。

ISBN978-4-87498-611-0　C0036